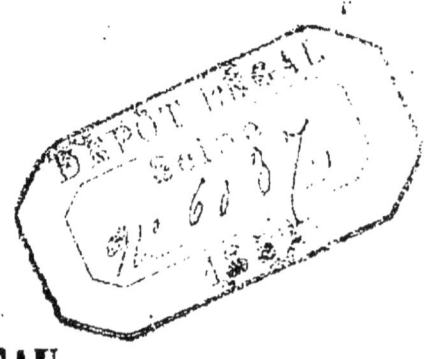

NOUVEAU
SYLLABAIRE
DES
Petits Enfans,
OU
LE PETIT BUFFON.

Le Calvaire.

La Résurrection.

NOUVEAU
SYLLABAIRE
DES PETITS ENFANS,

ou

LE PETIT BUFFON,

ORNÉ DE 34 GRAVURES.

PARIS.

VEUVE BONNET, ÉDITEUR,

Rue Saint-Jacques, n. 31, au 2me.

MAJUSCULES.

A	B	C	D	E
F	G	H	I	J
K	L	M	N	O
P	Q	R	S	T
U	V	X	Y	Z

MINUSCULES.

a b c d e f g h
i j k l m n o p q
r s t u v x y z

GOTHIQUE.

𝔄 𝔅 ℭ 𝔇 𝔈 𝔉 𝔊 𝔥
𝔍 𝔍 𝔎 𝔏 𝔐 𝔑 𝔒 𝔓
𝔔 𝔕 𝔖 𝔗 𝔘 𝔳 𝔵 𝔶 𝔷

ANGLAISE.

A B C D E F G H I
J K L M N O P Q R
S T U V X Y Z W

RONDE.

A B C D E F G H I K
L M N O P Q R S T
U V X Y Z W

VOYELLES.

a e é è i y o u

CONSONNES.

b c d f g h j k l m n p
q r s t v x z

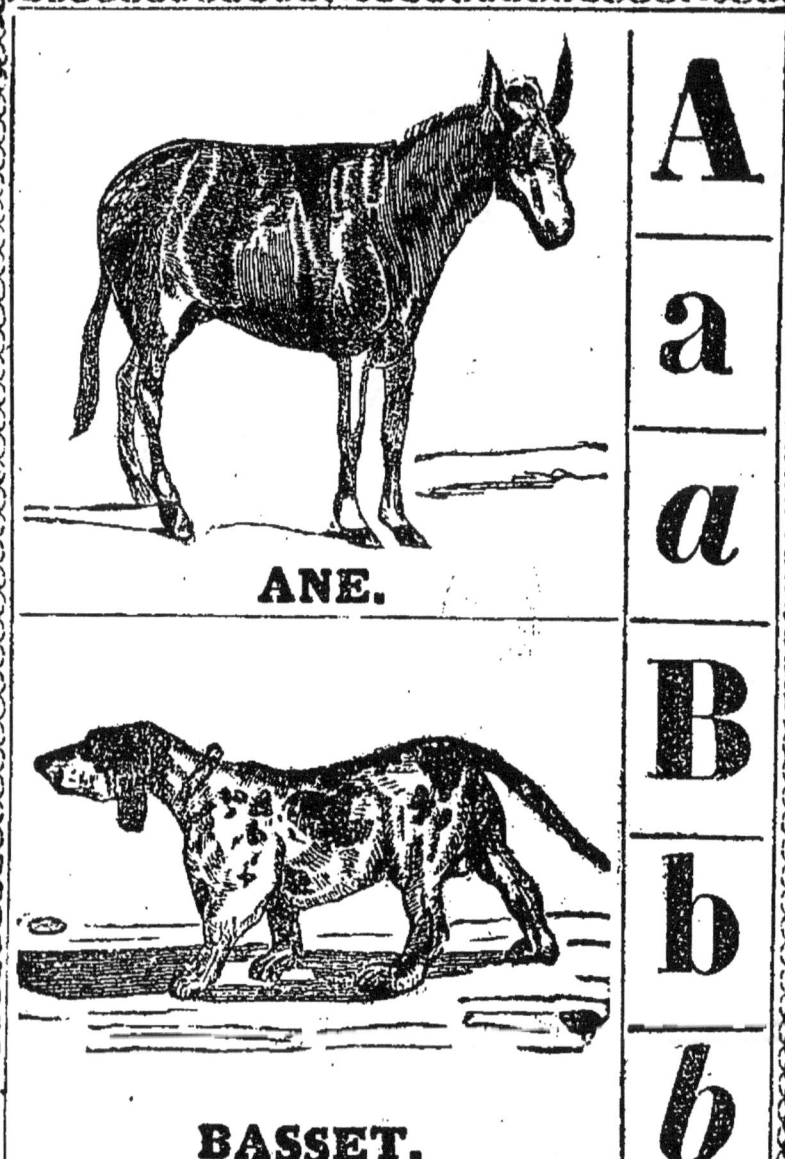

ANE.

BASSET.

A a *a*

B b *b*

	C
	c
	c

CHAMEAU.

	D
	d
	d

DEMOISELLE.

ÉLÉPHANT.

FAUCON.

E e
F f ƒ

	G g g
GAZELLE.	
HOMARD.	H h *h*

INSECTES.

KEVEL.

IJ
ij
ij
K
k
k

	L l *l*
LION.	
MUSC.	M m *m*

NANGUER.

OURS.

N n N n

O o O o

PIGEONS.

QUILO-PÈLE.

ROLOWAY.

SPATULE.

R r r
S s s

TAUREAU.

URSON.

T t *T t*
U u *U u*

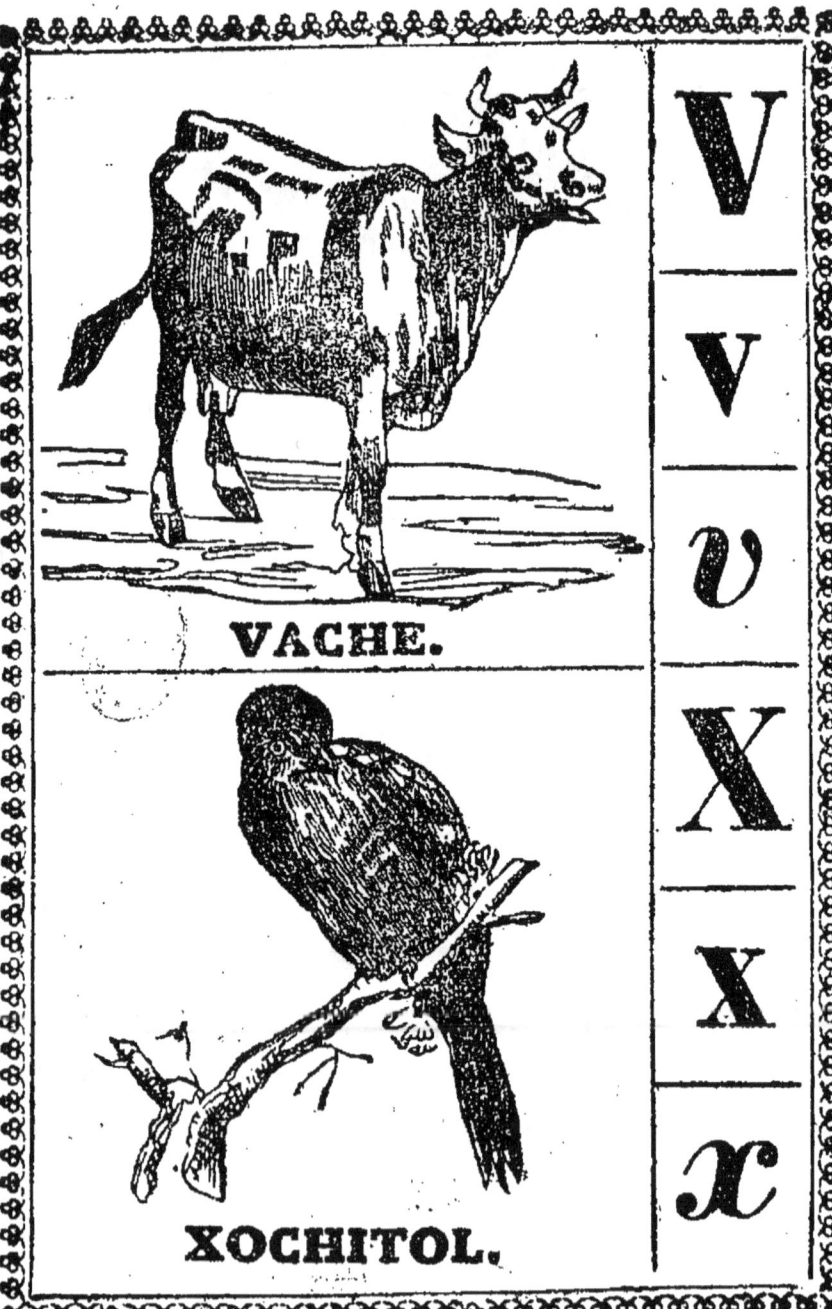

YARQUÉ.

ZÈBRE.

Y y *y*
Z z *z*

SYLLABES.

ba	be	bi	bo	bu
ca	ce	ci	co	cu
da	de	di	do	du
fa	fe	fi	fo	fu
ga	ge	gi	go	gu
ha	he	hi	ho	hu
ja	je	ji	jo	ju
ka	ke	ki	ko	ku
la	le	li	lo	lu
ma	me	mi	mo	mu
na	ne	ni	no	nu
pa	pe	pi	po	pu

qua	que	qui	quo	quu
ra	re	ri	ro	ru
sa	se	si	so	su
ta	te	ti	to	tu
va	ve	vi	vo	vu
xa	xe	xi	xo	xu
za	ze	zi	zo	zu
ai	ei	oi	ui	oua
an	en	in	on	un
ar	er	ir	or	ur
au	eu	oi	ou	oui
ay	ia	ié	io	ieu
ian	ien	ion	uin	oin

AUTRES SYLLABES.

pha	phe	phé	phè	phi	pho	phu
		se prononcent comme				
fa	fe	fé	fè	fi	fo	fu

gea	ge	gé	gè	gi	geo	geu
			comme			
ja	je	jé	jè	ji	jo	ju

rha	rhe	rhé	rhè	rhi	rho	rhu
			comme			
ra	re	ré	rè	ri	ro	ru

ça	çe	çé	çè	çi	ço	çu
			comme			
sa	se	sé	sè	si	so	su

tha	the	thé	thè	thi	tho	thu
			comme			
ta	te	té	tè	ti	to	tu

MOTS DE DEUX SYLLABES.

Pa pa.
Ma man.
Fan fan.
Gâ teau.
Jou jou.
Da da.
Tou tou.
Pou pée.
Dra gée.

MOTS DE TROIS SYLLABES.

Bé guin.
Ca ba ne.
Ca ba ret.
Cap tu rer.
Da moi seau.
Dé chi rer.
É tren ner.
Fan tai sie.
Gra pil ler.

MOTS DE QUATRE SYLLABES.

In con ti nent.
Ju di ci eux.
Ju ri di que.
La pi dai re.
Lai ti è re.
Mas ca ra de.
Né gli gen ce.
O ri gi nal.
Pardon na ble

MOTS SYLLABÉS ITALIQUES.

Au then ti que ment
Ban que rou ti er
Ci vi li sa ti on
Dé sin té res se ment
Ex com mu ni ca ti on
Fa bu leu se ment
Ges ti cu leu se ment
Ha bi tu el le ment
In cor ri gi ble
Jus ti fi ca ti on
Li mo na di er
Ma nu fac tu ri er
Na tu rel le ment
Obs ti na ti on
Par ti cu li è re ment

LES RO SES
ET LES A BEIL LES.

Un jour, A dol phe cueil lit u ne ro se a vec tant de promp ti tu de, qu'u ne é pi ne le dé chi ra vi lai ne ment. Plus tard, a per ce vant une ru che, il s'en ap pro cha sans pré cau tion, dans l'es poir de goû ter du miel qu'il ai mait par - des sus toute chose; mais les abeilles irritées le piquèrent cruellement.

Adolphe, surpris et fondant en larmes, demanda à son père : « Pourquoi les roses, qui charment tant par leur beauté, ont-elles des épines dangereuses; et les abeilles dont le miel est si doux, des dards qui causent de si vives douleurs ? »

Son père lui répond : « Les enfants étourdis ne s'attachent qu'à l'apparence, sans songer aux périls. La rose est la plus belle des fleurs; le miel le don le plus doux de la nature; mais, pour en jouir, il faut prendre de sages précautions. Telle n'a pas été ta conduite. »

RUISSEAU (LE) FABLE.

Où va le volume d'eau
Que roule ainsi ce ruisseau?
Dit un enfant à sa mère;
Sur cette rive si chère
D'où nous la voyons partir,
La verrons-nous revenir?
Non, mon fils, loin de sa source
Ce ruisseau fuit pour toujours:
Et cette onde, dans sa course,
Est l'image de nos jours.

SYMBOLE DES APOTRES.

Je crois en Dieu, le Père tout-puissant, créateur du ciel et de la terre, et en Jésus-Christ, son Fils unique, notre Seigneur, qui a été conçu du Saint-Esprit, est né de la Vierge Marie, a souffert sous Ponce-Pilate, a été crucifié, est mort, et a été enseveli; est descendu aux enfers; et le troisième jour est ressuscité d'entre les morts; est monté aux cieux, est assis à la droite de Dieu, le Père tout-puissant, d'où il viendra juger les vivants et les morts.

Je crois au Saint-Esprit, à la sainte Eglise Catholique, à la Communion des Saints, à la rémission des péchés, à la résurrection de la chair et à la vie éternelle. Ainsi soit-il.

LES COMMANDEMENS DE DIEU.

1. Un seul Dieu tu adoreras
 Et aimeras parfaitement.
2. Dieu en vain tu ne jureras,
 Ni autre chose pareillement.
3. Les dimanches tu garderas,
 En servant Dieu dévotement.
4. Tes père et mère honoreras,
 Afin de vivre longuement.
5. Homicide point ne seras,
 De fait ni volontairement.
6. Impudique point ne seras,
 De corps ni de consentement.
7. Le bien d'autrui tu ne prendras,
 Ni retiendras injustement.
8. Faux témoignages ne diras,
 Ni mentiras aucunement.
9. L'œuvre de chair ne désireras
 Qu'en mariage seulement.
10. Biens d'autrui ne convoiteras
 Pour les avoir injustement.

LES COMMANDEMENS DE L'ÉGLISE.

1. Les dimanches, messe entendras,
   Et les fêtes pareillement.
2. Les fêtes tu sanctifieras,
   Qui te sont de commandement.
3. Tous tes péchés confesseras,
   A tout le moins une fois l'an.
4. Ton créateur tu recevras
   Au moins à Pâques humblement.
5. Quatre-tems, vigiles jeûneras,
   Et le carême entièrement.
6. Vendredi chair ne mangeras,
   Ni le samedi mêmement.

TABLE DE NUMÉRATION.

	chiffres arabes.	chiffres romains
Un...............	1...	I.
Deux............	2...	II.
Trois............	3...	III.
Quatre..........	4...	IV.
Cinq............	5...	V.
Six.............	6...	VI.
Sept............	7...	VII.
Huit............	8...	VIII.
Neuf............	9...	IX.
Dix.............	10...	X.
Vingt...........	20...	XX.
Trente..........	30...	XXX.
Quarante.......	40...	XL.
Cinquante......	50...	L.
Soixante........	60...	LX.
Soixante-dix....	70...	LXX.
Quatre-vingts...	80...	LXXX.
Quatre-vingt-dix.	90...	XC.
Cent............	100...	C.
Deux cents......	200...	CC.
Trois cents.....	300...	CCC.
Quatre cents....	400...	CCCC.
Cinq cents......	500...	D ou IƆ.
Six cents.......	600...	DC.
Sept cents......	700...	DCC.
Huit cents......	800...	DCCC.
Mille...........	1000...	M ou CIƆ.

DIVISION DU TEMPS.

Cent ans font un siècle.

Il y a douze mois dans un an.

Il y a trente jours dans un mois.

Trois cent soixante-cinq jours font un an.

On divise le mois en quatre semaines; chaque semaine est composée de sept jours que l'on nomme: Lundi, Mardi, Mercredi, Jeudi, Vendredi, Samedi, Dimanche.

Les mois de l'année sont: Janvier, Février, Mars, Avril, Mai, Juin, Juillet, Août, Septembre, Octobre, Novembre, Décembre.

Il y a quatre saisons dans l'année, que l'on appelle: le Printemps, l'Été, l'Automne et l'Hiver.

L'Automne commence au 24 Septembre;
L'Hiver au 23 Décembre;
Le Printemps au 22 Mars;
L'Eté au 20 Juin

Les jours diminuent depuis le commencement de l'été jusqu'à la fin de l'automne, et ils augmentent depuis le commencement de l'hiver jusqu'à la fin du printemps.

Imp Christophe, rue du Plâtre-St-Jacques, 11.

www.ingramcontent.com/pod-product-compliance
Lightning Source LLC
Chambersburg PA
CBHW060902050426
42453CB00010B/1532